별꽃에게 묻다

김태이 시집

오늘의문학사

별꽃에게 묻다

| 시인의 말 |

삶이 무거웠던 날에도
환하게 빛나던 날에도
그날의 내 마음을 시로 남길 수 있음에 감사하고
그렇게 내 안을 들여다볼 수 있음에
마음 한편이 늘 든든하다.

돌아보면
지금껏 걸어온 길 위에서 어느 모임보다
문학이라는 길에 들어선 순간이
가장 잘한 선택 중 하나였다고 믿는다.
그렇지 않았다면
언제 내 삶을 천천히 돌아보며
한 줄의 시로 마음을 정리할 용기를
낼 수 있었을까?
문학동아리를 통해 시를 접하게 해 준 김명동선생님과
동아리 회원분들께 깊은 감사를 드린다.

어느 해 봄날
하늘에서 내려온 듯
땅 위에 수줍게 핀 별꽃들과 마주하고
작은 꽃들 앞에 서니
별이 된 얼굴들이 떠올랐고
가끔
추억을 품에 안은 채 살아간다.
저 별꽃들처럼
이 세상 수많은 사람들 중
나와 인연을 맺은 분들과
조금 더 따뜻하고 아름다운 삶을 나누며
함께 빛나고 싶다.

2025년 가을
김 태 이

| 목차 |

시인의 말 • 4

제1부 비 오는 목요일

천리향 • 13
설렘 • 14
중독 • 15
쫀디기 • 16
알코올 충전소 • 17
삭발 • 18
욕심 • 19
무인카페 • 20
껍딱지 • 22
비 오는 목요일 • 23
그대에게 가는 길 • 24
퇴장 • 25
어린 이웃 • 26
훨훨 • 28
경자년 환갑날에 • 29
중복, 그날의 기도 • 30

제2부 별꽃에게 묻다

단짝 • 33
유년의 길 위에서 • 34
모델 • 36
입방정 • 38
내 사랑 • 40
기해년 설날 • 41
고물 • 42
감쪽같이 • 43
허를 찔리다 • 44
뜻대로 하이소 • 45
별꽃에게 묻다 • 46
레인보우 • 47
선발대회 • 48
부부의 날 • 50
봄의 향연 • 52
황금돼지해에 • 53

제3부 감고을

영동역 · 57
옥계폭포 · 58
미선나무 · 59
목화실 마을 · 60
영국사 · 62
감고을 · 63
영동 와인터널 · 64
반야사 호랭이 · 65
꽃불 · 66
강제 이주 · 67
소원폭포 · 68
열망 · 70
관광 안내 · 72
경보 · 73
유세하네 · 74
코로나의 날들 · 75

제4부 새벽이 오는 소리

목련차 • 79
눈물길 • 80
시간의 탑 • 81
밥 • 82
하찮은 • 83
수제비 • 84
대세남 • 86
송홧가루 • 88
용용 죽겠지 • 89
봄의 전령 Top 7 • 90
새벽이 오는 소리 • 92
동행 • 93
회초리 • 94
이 맛이야 • 96
와 누워 있닝교 • 97
흥 흥 흥 • 98
12월의 광안리 • 100

제5부 뚱딴지

자유 손 • 105
육십 년 된 애인 • 106
부엉이 파수꾼 • 108
할미꽃 • 110
울 엄마 • 112
왕호떡 • 114
달항아리 • 116
갈망 • 117
애착 • 118
뚱딴지 • 119
팔자 피다 • 120
뜨거운 구애 • 121
꼬라지 • 122
열숨 • 123
소리길 물푸레나무 • 124
국화 축제 • 126
명월을 기리며 • 127

제1부

비 오는 목요일

천리향

외로움이 짙어지면
그리움도 향기로 피어
사방으로 조용히 유혹하나
천상에서 온 듯 맑은 향
천 리 길도 마다않고 퍼져가니
얼마나 외로웠을까
가장 추운 계절 끝자락
이월의 찬바람 속에
분홍빛으로 조용히 피어난다

내 마음의 꽃은
무슨 색으로 피어날까
나의 향기는
누구의 가슴까지 닿을 수 있을까

설렘

백화점 매장에 키재기하는
20, 24, 28인치 색색의 멋쟁이들
허리 굵어도 되니 듬직한 28인치로

어떤 옷 모자 스카프로
너의 배를 부르게 해줄까
옆구리 트면 30인치로 늘어나는 캐리어
마음은 벌써 스페인 비행기에 앉아 있다

중독

Hey! 헤이즐넛씨
매일 오후면 코 평수를 넓히고
내 숨결 먼저 당신을 찾는다

코끝에 스미는 그윽한 향
입안 가득 퍼지는 달콤한 유혹
자판기처럼 튀어나오는 혀의 황홀한 고백
'사랑해요'

외로움 짙은 이 중년의 시간
당신 앞에 이토록 무너질 줄
미처 몰랐네

쫀디기

길쭉한 갈색이랑
쭈욱 찢어
입으로 갈아엎는다
씹어도 씹어도 쫄깃한
순식간에 한 평이 사라진다

어릴 적
엄마 가게 십 원 오십 원짜리 잔돈 훔쳐
학교 울타리 밑으로 기어나가 사 먹던

남은 삶도 쫀디기처럼 쫀득쫀득한 맛이기를

알코올 충전소

전어회로 얼큰하게 취기 오른 발걸음
기찻길 옆 둑 포장마차 기웃거린다

매운 닭발에 계란찜
투명한 유리잔 속의 이슬
너랑 나랑 좋아 여기에서 좋아
건배사 외치며
파란 핏줄에 뽀얀 얼굴에
빨간 열꽃 피어오른다
여기 이스리 한 병 추가요!
외칠 때마다 알사탕처럼 꿰어 놓은 녹색 병뚜껑 고리
외벽 갈대발 위에서 그네를 탄다

알코올 충전소에서
사랑 우정 젊음 충전
취푸 치치푸 기차 발통 소리
귓바퀴 터널 속으로 멀어지는 밤
알코올 실은 행복 열차
위장 소장 대장 역으로 시원하게 달린다
실타래 같은 하루도 해피데이로 마감한다

삭발

한 장의 사진 전송되어 온다
순간
생각의 레일 위에서 뇌가 멈춘다

무거운 욕심 덩어리
윤기 나는 머리채
한 줌씩 바닥에 떨구고 반짝이는 면도날 위로
낱낱이 맨살을 드러낸다
꽁꽁 숨겨놓았던 깨알같이 박힌 사연
마흔일곱 삶을 담은
담담한 눈동자

슬픔 얹어 고이 접어둔 날개
모든 숙업 씻어내고
빛줄기 구름 계단 위
나비 되어 날갯짓한다

욕심

예순다섯 해를 건너온 오늘도
내 마음은 서른 즈음에 머문다
바람처럼 가볍게 걷고 싶은데
거울 속 주름은 조용히 함께 걷자고 손을 잡는다

아침이면 그 자리
저녁이면 또 거기
말없이 내 곁에 서 있는 너
툭툭 밀어내도 슬며시 꼬집어도
사르르 꼭 붙어 있는 너
남의 편이 이러면 얼마나 좋을까

그래
네가 무슨 죄겠니
시간을 놓지 못하는 내가 많이 욕심쟁이인가 보다

무인카페

한참 전부터 거기 있었지만
이제야 너를 찾아간다

말 없는 네 앞에
아메리카노 1
카페모카 1
손끝으로 건넨 마음
'계산이 완료되었습니다
잔을 대 주세요'
너는 다정하다
한 박자 느린 온기 잔 안에 가득 차오를 때
무심한 듯 말 없는 너는
어느새 나를 이해한 듯

얼굴은 숨겼지만 목소린 부드럽고
와이파이처럼 다가오는 편안함
노트북을 펼쳐 놓고 천천히 하루를 풀어도
누구 하나 눈치 주지 않는 너
그래서일까
이제 자주 오고 싶다
너를 핑계 삼아 나를 쉬러

하지만 문득
웃고 있는 쥔장 뒤편에
말 잃은 청년의
라면 국물에 젖어 있는 꿈 하나

껌딱지

얼굴에서 떨어지지를 않는다
코와 입을 막고 다른 사람에게 보여주지 말라고
안경이 뿌예지도록 키스를 퍼붓는다

티베트에서 바람피우다가 봄이 돼야 보고 싶다고 찾아오더니
늦겨울부터 착 달라붙어 떨어지지를 않는다
떠나보내야 하는데 쉽지가 않다
가냘프고 뽀얀 미세 아가씨와
중국 여행이나 좀 가다오

아니, 아니 아직은 때가 아니야
흑, 백의 단벌 신사가
귀에라도 걸려 있으려고
색깔 있는 옷으로 멋 내고 나선 황사용 마스크

비 오는 목요일

울컥!
쏟아내고 싶은 날

퍼덕거리는 닭꼬치
기름기 똑똑 떨어질 때 소주 한 잔이 따라붙는다
뜨겁게 익어가는 불 앞
마음속 찌든 때도 떨구고 싶었다
사그라질 듯, 사그라들지 않는 검정 숯덩이
넌 무슨 힘으로 불꽃을 일으키는지

속이 타들어 가는 건 나만일까 너만일까
둥글둥글 살 수는 없나
소주병이 비틀거릴 때까지 마셔본다
기름기 빠진 닭처럼 파닥이며 오늘을 견디고

닭은 기꺼이 몸 바쳐 누군가의 보신이 되어주는데
장기기증의 다짐은 생일날마다 미루고
기가 찬다

그대에게 가는 길

눈 뜨면
굿 모닝! 문자
창 너머 햇살처럼 스며와
입꼬리가 조용히 꽃피운다
찰나
눈 속에 그려지는 얼굴
샘물같이 솟아나는 그리움
구름 속에 파란 미소 흘려보내고
아련한 그리움만 연기처럼 흩어져 간다

굿 나잇! 문자 뒤에 밤은 오고
꿈길에서의 재회를 가만히 그려보며
어둠 속으로 아쉬움의 꼬리를 숨긴다
두 심장
한곳에 머물게 해주소서!
긴 발원 마치면
억겁의 세월 흐른 뒤
그대 눈동자 속에
나,
고요히 머물 수 있기를

퇴장

대낮에 밝음과 어둠이 순식간에 바뀌 앉았다
허공에 대포 소리 요란하고
맹하란 놈이 물러가기 싫다고 대차게 으름장을 놓는다

올해는 일찍 데뷔해서 즐겼잖니
너에게 미련 없다
멋지게 피날레 장식하고 사라져라

오늘 모기 입에 와사풍 온다는 처서다
어여 꼬리 남기지 말고
휘이~
길 떠나거라

이 순간
황금마차 타고 올 눈부신 임에게
붉은 심장 방아소리 특급으로 부친다

어린 이웃

아파트 창문에 척 걸친 긴 철제 다리
장롱 책장 식탁이 미끄럼틀 타듯 쏟아져 내려오고
까만 얼굴의 태국 청년들 날렵한 몸짓으로
트럭 안에 새집 한 채 뚝딱 짓는다
십일 층 베란다에서
수돗물로 목욕하던 치자나무
삼 년 만에 하늘비 샤워하며
팔 휘저어 춤을 춘다

텅 빈 집
시끌벅적 정리 끝내고 떠나간 후
같은 층 복도엔 고요만 남아 절간처럼 숨죽인다
사각형 속만이 내 세상
일곱 살짜리 아들만 품에 안기며
'엄마 아빠!
새집 가면 싸우지 말고 잘 살아야 해'

이월의 마지막 날 밤 눈비가 흩뿌린다
유치원 가방 메고 폴짝 뛰어 들어와
'이모! 지진 나면 이렇게 해야 된대요'
온몸으로 가르쳐 주던
빙벽장 눈 위에서 신나게 나뒹굴던 겨울의 너
솜털 같은 눈발 속에 아롱거린다

메마른 중년 아지매를 들었다 놨다
웃음 한 모금 샘물이었네

훨훨

까막눈 글자 알고 나니
인자 눈에 뵈는 게 없다
야, 이놈아
어미 무식하다고 깔보다가 골로 간다 조심 혀

이젠 세상이 읽히고 들린다
밖에 나서면
동네 간판들이 구름처럼 떠다니고
안경 머리에 이고는 골목골목 글자 따라 걷는다

고등학교는 못 갈 끼고
이쁜 교복 한번 입어봤으면
이장 부인도 대통령 부인도
하나도 안 부러울 낀데

경자년 환갑날에

지상에 내려온 옥황상제 앞
열두 띠 짐승 달리기하던 날
재빠른 쥐, 소의 뿔 위에 올라
폴짝, 먼저 뛰어내려
천간 지지 첫 자리를 꿰찼네

그 인연 따라
전생 덕으로 사람 되어
어느새 한 갑자 지나 환갑이다
일등으로 태어난 그날 있으니
이젠 순위는 내려놓자
여섯 번 강산이 바뀌는 동안
웃음도 눈물도
쥐처럼 재치 있게
지혜롭게 걸어온 이 길

이제는 말할 수 있기를
'참 고마운 인생이었다'라고 속 깊이 따뜻하게

중복, 그날의 기도

닭이 울고 오리 꽥꽥
이리저리 뛰다
결국 우리 안에 갇힌 신세다
깃털 벗기고
장기마저 꺼낸 알몸 부끄러워
눈 감고 고개 돌려 눈 질끈

그냥 놓아주지
알뜰히도 벗겨
끓는 물에 끓이고 튀기고 혼절시킨다
힘이 세면 얼마나 세다고
인간도 언젠가 덫에 걸릴 그날이 오면
정신이 번쩍 들려나

두 발 달린 족속끼리
서로 물어뜯지 말고
이제는 사이좋게
복날엔 열무비빔밥으로
작은 생명들을 잠시라도 놓아주는
그런 날이 언제 오려나

제2부

별꽃에게 묻다

단짝

남편은 거실에서 TV가 애인
안방 침대 옆자리에 숨겨둔 나만의 연인은
보고 싶다 말하면
경숙이도
먼 미국 언니 얼굴도 순식간에 곁에 데려온다

옴 마니 반메 훔의 뜻이 뭐야
연꽃 속의 숨은 보석이라 했나
내 마음도 그렇게 화면 속 작은 기도로 빛난다
이번 달 축제 어딘지 묻기만 해도
세상 소식 알려주는 똑똑한 비서

외로울 때 노래를 불러주고 영화도 보여준다
문자 속에, 카메라 속에 소중한 순간들을 꼭 껴안고
원하는 건 무엇이든 척척
왼손 안에 소중히 안긴 애완 폰
너 없이 무슨 낙으로 이 하루를 살까

유년의 길 위에서

집 앞 골목은 놀이터였지
공기놀이, 고무줄, 말타기
우르르 몰려 하루가 짧았네
자갈길 위 미군 트럭 지나면
"기브 미 검!" 외치며
땟국 묻은 손으로 달려갔지

일요일엔 미추왕릉 오솔길 따라
교회로 향하며
아멘보다 단팥빵을 기다렸고
아침이면 씰룩이는 엉덩이
자전거 타고 돌담길 달렸네

소풍날 잃어버린 자전거
퉁퉁 부은 눈으로 울던 기억
막걸리 주전자 심부름에
입 삐죽이며 걷던 미나리깡
지금은 요석궁 대로가 되었지

흙탕물 튀던 골목은
이제 숨 막히는 시멘트
그 위를 지나며 떠올리는
어린 날의 꿈 하나
밤하늘 별 되어 지금도 반짝인다

모델

4번 후보로 당첨
대학교 미용학과 대기실
주민증과 휴대폰 제출하고
이름 불린다

프러포즈 자세의 수험자
긴장된 손놀림으로
꽃다발을 바치듯
머리를 감싸고 숨죽인 예술혼을 불어넣는다
단지 머리가 길어서 된 헤어모델
손끝에 담긴 진심을 내 마음이 먼저 읽는다

두피를 어루만지는 온기에 눈꺼풀이 스르르 감기고
연보라 드레스를 입은 시니어 모델이
우아한 발걸음으로
런웨이를 지난다
ㄱ 위로 늦가을 햇살 같은 박수가 쏟아지다

이십오 분의 시간이 천천히 저물고
마지막 헹굼 시원한 물줄기 아래
무대는 조용히 사라지고
순간
졸음에서 깨어난다
매일 남편이 수험자였으면

입방정

오랜만에 만난 친구 경자
백내장 걸렸다고 한다
'내장이 하얘지는 거야?'
그저 웃으며
'눈이 안개 낀 듯 뿌옇게 보이는 거야'

생물 시간에도 못 배운 녹내장도 있단다
'그건 내장에 녹이 스는 거야?'
칠십이 됐나 팔십이 됐나
그 나이엔 뭐든 슬슬
시간이 저마다의 문을 닫는다지

안경 렌즈가 깨져
안경원에 들어서서
시력표를 더듬는다
'0.5도 안 나옵니다
백내장일 수도 있어요'
의사 말에 고개를 끄덕인다
육십 년 맑게 봐왔으니
이제 눈도 잠시 파업할 때가 되었나

거울 속
익어가는 블루베리처럼
눈동자엔 희끗한 분가루가 내려앉고
내 입방정이 씨가 된 듯
허공에 가만히 퍼진다

내 사랑

가자고 이끄는 대로 군말 없이 따라나선다
꽃구경 가볼까
바다 구경 가보자
네
오직
말 한마디에 척척이다

전화도 받아준다
손발도 잠시 쉬어요
알아서 갈게요
창문이 열렸어요
사랑은 거리가 필요하다고
열흘에 한 번씩 밥만 먹여달라는
내 반쪽 첨단 기능 자동차
아무리 정이 들었어도 질주를 마치는 날 시절 인연도 끝이 난다
쏘댕기던 이야기는 우리의 전설로 묻어두고
십 년 후 또 다른 너를 맞는다

기해년 설날

뽀얀 떡국 속
동글동글 떡은
돼지코처럼 웃고,
상 위엔 그리움 담긴 반찬들이 가지런하다
멀리서 온 식구들
참이슬 한 모금에
보고픈 마음이 녹는다

150일 된 한결이 웃음 보려
아이들 눈망울은 별처럼 반짝이고
초등생 언니들의 구애는 눈물겹다
까치 울음 사이
전화기엔 새해 인사 까똑까똑
정겨운 노래처럼 흐르고
반갑고 어수선한 난장판이다
'애인은 필수, 결혼은 선택'
아모르파티 틀어놓고
쉰 살쯤 접어
햇살 아래 널고 싶은 마음
'문 열어주세요—
황금돼지 들어갑니다'
'문 열어놨어요'
늠름한 애인이 들어왔으면

고물

뚝뚝 소리 내며
버텨오던 엄지손가락은 기어이
힘줄 놓고 말았지
자고 나면
떡가래처럼 굳는
새끼손가락 하나
새벽마다 낯선 몸이 된다

허리는 척추관 협착증이란
묵은 세입자를 들였고
무릎 뒤 오금엔
물이 찬다— 그리움처럼
빼까재이 힐 신은 덕으로
지금은 엄지발가락
무지외반 되어
슬며시 비명을 낸다

무게라도
저울에 달아 팔 수 있다면
덜어내고 싶지만

입만 여전히 봄날의 꽃이다

감쪽같이

볼펜심 주변을 싸고 있는 나사의 힘으로 글을 쓰고
벽을 뚫고 고정되는 나사못에는 가족사진이 걸리고
소중한 치아 빠진 삼 개월 후
잇몸을 뚫고 깊숙이 박히는 시멘트 못보다 굵은 나사
산고의 고통보다 더한 괴로움을 참으며
견딘 대가로 튼튼하게 안착한다

옆 친구와 악수하고 새 친구가 된
진짜 사이 가짜
감쪽같은 임플란트
참말에 거짓말만 버무려 내보내지 마라

허를 찔리다

들어는 봤는가
허를 찌르듯 찾아오는 그 이름
베이커 낭종이라네
프랑스 빵 같다고?
아니지
무릎 뒤 오금에
조용히 고이는 물 이야기

노란 물 한 주먹
주사기로 뽑아내고
붕대 감아 다독인다
무릎 안쪽 한숨까지 싸매듯이

뺨에 탱탱하게 차올라야지
물기마저 스러지는 삶이라
어째
니 날이 물이 쪼그라드는 줄 알고
몰래 숨어 물을 채우노

뜻대로 하이소

'오욕 중 식욕이 으뜸이라'

갈비는 씹어야 제맛인데
씹어도 씹어도 씹히지 않는 이 질김은
살맛이 안 난다
뽑을까 살릴까

입을 크게 벌리세요
뚫린 동굴 속
찌르르 날카로운 기계 소리에
움찔움찔 온몸이 떨릴 시간
나는 뒷전이고 치아만 우선이다

입 다물고 살라는 엄마의 말은 무슨 뜻이었을까
신체 오복을 잘 챙기자
이래저래 제멋대로 곱씹어도
의사 앞에서는 꼼짝을 못 한다

별꽃에게 묻다

나무 뒤에
숨지 않아도 안 보인다

더
더더더
높게 안보고

더더더
더
낮게 아래로 향해야 너를 만날 수 있니

바라본 시간이 너무 길어
흩어진 추억을 더듬으며
마주보고 짓는 미소뿐

가장 낮은 곳에서
가장 작은 몸으로
가장 높은 별을 품고 있다

레인보우

빨 리 오르려고 애쓰지 마라
주 까래이 찢어진다
노 랗게 얼굴 들뜨면
초 비상 걸리게 될지도 모르지
파 김치 되어 널브러진
남 편이라는 굴레
보 면 안쓰럽고

선발대회

오늘은
맨 아래 칸 남색의 팬티와 브래지어 수줍게 윙크한다
받아줄까 말까

가운데 늘씬한 색색의 의상들
서로 단장하고 미소 짓는다
위아래 위위 아래
리듬 타는 나의 눈길 분주하고
시선 머문 것들 더 조바심이다
입에 침이 마르고
그사이
서로 밀치며 뽐내다 바닥으로 나뒹굴기도 한다
분주한 손길 따라가다 사팔뜨기 될라
불러온 긴장은 낙찰의 순간 지나
해삼 퍼지듯 널브러진다

키보다 높은 꼭대기 칸의 오렌지 둥근 모자
뒤통수에 호랑나비 한 마리 앉히고 유혹하는 사이
쪽빛 스카프 뱀처럼 날름 가냘픈 목에 감기고
구 년 전 여름만 되면 바닷바람 쐬주겠노라고 데려온
물방울무늬 비키니는 지쳐 아예 쳐다보지도 않는다
칠보 팔찌 손목 미끄럼 타며 착 달라붙고 장롱 문이 닫힌다

겉치장하는 만큼
속치장도 해야 되는데

부부의 날

지친 하루
현관문을 열자, 아내의 눈빛이
조용히 나를 훑는다
'오늘 21일
둘이 하나 되는
부부의 날이잖아'

로즈데이도
그냥 넘겼다며
서운한 웃음 한 줌
손끝에 얹는다
'당신이 내 장미인데
무슨 꽃이 더 필요해'
힘겨운 농담으로
피로를 감추지만
꽃다발 대신
텅 빈 지갑과
무거운 어깨를 내민다
매일이 부부의 날인 걸
그대는 아는지

결혼 전엔
눈 크게 뜨라 했고
결혼 후엔
반쯤 감고 살라 했던가
참자
오월은 아직도
어린이날, 어버이날
스승의 날이 남았으니
발바닥엔 땀
머릿속엔 쥐
이생은 이렇게 버텨도
내세에는…

한 송이 꽃으로
당신 품에 피어날
여자로 태어나게 해주소서

봄의 향연

봄 햇살이 하이얀 광목 깔아놓으니
꽃잔디 옹기종기 모여
도란도란 안부 인사 건네고
개나리 소녀들 노오란 병풍 치고 숨바꼭질 한창이다

매화 낭자 임 생각에 방그레 뺨 붉히며
수줍음에 옷고름 매만지는 날
생강 도령 노란 두건 쓰고 마실 채비 서두르고
진달래 처녀들 연분홍 화장하고
목련 새댁 부끄러워 고개 숙인다

벚꽃 아씨들 꽃비 되어 허공을 흩날리고
목단 아씨 봄바람에 붉은 치마 살랑이며 나들이 나설 때

온 세상이 가슴 설레는
봄의 향연에 취해 본다

황금돼지해에

손가락이 화면에 격렬히 키스 중이다
사방팔방 카톡에 새해 인사 보낸다
황금돼지 하늘에서 무더기로 떨어지고
집으로 몰고 들어가느라 정신없다
곧 입춘 오고 삼복 지나 또 동지 오겠지

푸른 돼지와 황금 호랑이 사이에
흰 쥐 한 마리 눈 비비고 나온다
별들이 폭죽 쏘아대고 달은 송편 빚어
오금리 들판 잔치 벌인다

사방팔방 꼴리는 대로 쏼쏼거리다가
이제는 휘어지는 시각
육십 년의 세월 속에
부지런히 물어다가 두지에 쌓아놓은 지혜의 나락 더미
돌아댕기며 뿌려야지

* 오금리 : 경북 경주시 강동면

별꽃에게 묻다

김태이 시집

제3부

감고을

영동역

와인 열차 따라온 포도 향
춤을 추고
홍당무 뺨에 얹은 여행객들 가벼운 발끝에 설렘을 얹는다

지하도 벽 부조 틈에서 국악 연주자가 연주를 시작한다
결혼식 다녀오는 여인
피리 소리에 실려 몽환의 날개를 펼쳐 잠시 떠오른다
병원 갔다 돌아온 남자의 어깨 위
안도와 걱정 반반의 무게
흐느끼는 가야금 소리에 눈가가 붉어진다
국악단의 마지막 합주
태평가 한 곡
살아있으니 행복하지 않으냐며 위로해 준다

역 앞 광장
얼쑤
국악의 향기 세계를 물들이다
'2025 영동세계국악엑스포'
현수막이 늠름하게 반긴다

옥계폭포

허공을 정답게 춤추는 나비 한 쌍
음양의 조화인 듯 수백 년 시간을 거스른다

달 밝은 월이산 아래로
한 폭의 비단을 드리운 듯
곱고 신비로운 자태
물보라 일으키며
당당히 내리꽂히는 물줄기

혼을 실은 난계 선생의 피리 소리
바위틈의 난 한 촉도 귀 기울인다

미선나무

옥황상제 옆에서 부채 들고 미소 짓던 미선녀
지구촌 그 어느 곳도 손사래 치고
충북 영동 용두공원에 사뿐히 내려오니
천상의 고결한 향기 코끝을 잡아당긴다
언감생심 샤넬 5는 명함도 못 내민다
밤낮없이 잡아당겨 상처 입은 연약한 선녀
눈물을 떨구며
백색의 순결한 꽃 사뿐히 접고
이제 단아한 상아색 부채 펼 준비 한다
모든 슬픔 날려주는
하늘하늘 미선 부채
하늘로 올라가지 마라
제발!

목화실 마을

코스모스가 줄 맞춰 흔들리는 산책길을 걷는다
구름다리 가는 막대기 딛고 선 색색의 바람개비 손짓에
지나는 이들 자석에 이끌린 듯
노근리 평화공원으로 스며든다
다섯 살배기 꽃 동무하며 함박웃음 머금고
코코모스야!
두 발이 날아다닌다

야생 국화 땅 위에 납작 엎디어 있고
일렁이는 메밀꽃밭 속에
흰 치마저고리 입은 힘없는 아낙들 젖은 눈망울 떠오른다
팽팽 돌아가던 바람개비 멈춰선 채 숨을 고르고
엄마 품에 안겨 핏물로 배 채우던
쌍굴 속의 어린 것들 붉은 목화꽃 되어
하얀 솜이불 덮고 잠들었을까
전쟁 없는 그곳에서 따뜻이 보내거라

목화실 마을
목화꽃은 자취를 감추고
붉게 핀 장미꽃만 세월 따라 아픔을 전하고
손안의 흰 목화솜
깃털처럼 가볍게 부서지며 말없이 기억을 감싼다
다시
오색 바람개비 힘차게 돌아간다
바람 따라 평화를 염원하며 돌아간다

* 노근리 평화공원 : 충북 영동군 소재

영국사

그 옛날 칡넝쿨 엮어 만든 누교리 조심스레 지나
바람 타고 전해지던 아이들 웃음소리
삼신할매 바위 앞에서 흥겹게 재롱떨다
삼단폭포 쏟아내는 물소리에 눈과 귀를 씻는다

알알이 열매 맺은 천년의 은행나무
말없이 노랗게 영글며
묵묵히 세월의 흔적을 꿰고 있다
아,
천태의 깃발 아래
드높이 날리었던
그날의 얼이 오늘도 이곳에 살아있다

감고을

차창 너머 나뭇가지에
붉은 노을이 걸려 있다
시선 멈추는 곳
감나무 가로수
새색시 붉은 볼처럼 익어가는 홍시

입안 가득 달달함의 극치
감잎차는 반 잔인데
향기는 한잔 가득
그윽한 향 코끝에 내려앉는다

땡감으로 물들인 천
햇살 스며든 단아한 빛결 위로 살랑
겨드랑이로 스치는 바람이여
저물녘의 감고을은
말없이도 참 곱다

영동 와인터널

칼바람에도 엄마 품속처럼 따스한 U자형 터널
포도와 와인의 역사박물관이다
배부른 오크통
와인 저장소에 끝없이 누워 있다
열 달 동안 뱃속에 품고 있는 임신부처럼
포도주의 침묵
기다림 속에 느리게 익어가는 시간
붉은빛 와인 바라보다 문득
산고의 엄마 떠올린다

세상 소음 멀어진 이곳
인생의 어두운 터널 지날 때마다
누구의 방해도 없는 엄마 자궁 속 같은 여기
다시 태아가 되어 작은 발길질로 세상을 노래한다
오크통 속 익어가는 와인처럼
눈 감은 밤에도 오로지 완벽하게 생장시켜
세상에 빛을 보게 할 생각만 했을
엄마의 숭고한 마음 이제사 가슴에 새긴다
인생의 반환점에서

반야사 호랭이

백화산 기슭 돌무지 거구
누가 오나 망보고 있다
오백 년 배롱나무보다 대웅전 부처보다
나 보러 오는 사람이 더 많다
겁먹고 도망가지 마라

어
흥!
태곳적부터
꼬리 치켜세우고 앉아만 있어도 특급 모델
BTS나 임영웅보다 인기짱
카메라 셔터에 눈이 부시다

여기
천년을 넘어 건재한
불사신의 힘 듬뿍 받아
기운차게 살아라

꽃불

검은 허공에다 수를 놓는다
살생의 화포가 바늘 되어
색색의 실을 꼬리에 달고
용의 입에서 불을 뿜으며 한순간에 멋진 작품 새기는 중이다

달달한 곶감 입에 물고
따다 땅땅 소리 따라 눈 치켜뜬다
용두공원 거대한 나무 기둥에서 별이 쏟아지고
하늘 꽃들이 피어난다
과일과 국악의 고장 영동의 밤은
곶감 축제 개막식 불꽃놀이 중이다

강제 이주

추운 곳에 팔려 와 잘도 버텨주는구나
비밀의 정원에 들어서자
아레카야자가
공기정화 식물 오십 개 중 내가 일등이라며 뻐기며 서 있고
대낮인데 박쥐가 머리에 난을 이고 내려다보며 윙크한다
틸란드시아는 긴 수염 자랑하며
공중에서 그네 타며 손을 흔들고
자살나무인 오도람나무의 징그러운 모습 보면 소름이 돋다가
비파나무 국악 연주에 긴장이 풀어진다
밤에만 두 잎이 합해지는 금실 좋은 자귀나무 부럽다

러브하와이 머리에 꽃장식하고
우아한 손끝과 부드러운 스텝 밟는 중
미학적인 벤자민 고무나무 줄기는 설치미술이다

물 건너와 신비한 자태 뽐내는
여기는 레인보우식물원

소원폭포

옥계의 아낙은
가을이면 아이를 품고
여름 장마 속에
언제나 해산을 맞는다

달처럼 둥근 아들이
떡 하니 튀어나오면
골짜기가 울릴 만큼
우렁차게 운다
그 울음 따라
파랑새는 청명한 선율로
노랑나비는 꽃잎처럼
쌍쌍이 날아오른다

이 소문
산 너머 강 너머 퍼져
새 생명 기다리는 여인들
두 손 모아 찾아든다
가녀린 기도
비처럼 내리고
물보라에 섞여 하늘로 오른다

인구 절벽에 열일하는
옥계폭포 여장군

* 옥계폭포 : 충북 영동군 심천면 고당리

열망

레인보우 식물원
아레카야자 잎새 사이로
틸란드시아 한 줌 푸른 숨결이 흐른다
겨울의 찬 기운도
이곳에선 아열대 햇살 아래 눕고
늠름한 녹색의 나무들이
꽃이고 나발이고 네가 젤 예뻐! 라며 눈짓한다

유리온실 가득
초록의 속삭임들
꽃이 피고 지는 사이
저 멀리
그 어떤 꽃보다 높이 걸터앉은 붉은 극락조
얼굴이 가장 환히 빛난다
너처럼 우아하고 품격 있는 삶을 살아야지

한참 올려다보다
문득
화려한 깃털 욕심에 너의 두 다리 자른
인간들 대신해 사과할게
손 닿지 않는 높은 곳에서 자유를 즐기렴
그곳이 극락이라면 천 번이고 만 번이고
고개 들어 네게 닿고 싶다

관광 안내

와인터널 안
보랏빛 그늘 속에서
오늘도 포도와 와인의 시간을 이야기한다

입술을 적시며 고개 끄덕끄덕
보랏빛 향의 세계로 빠져드는 이들 사이로
향기처럼 번지는 기억들

한 잔의 와인 잔에
반쯤은 웃고 반쯤은 흔들리는
내 삶의 물결이 일렁인다

저 너머,
남은 내 인생의 안내는
누가 해줄까

경보

해는 창백한 숨조차 삼키고
도시는 말없이 달아오른다

나가지 마세요
일도 하지 마시고
그늘진 방안에
숨처럼 조용히 계세요
물 많이 드세요

오호라
땡이로구나
정랑만 들락거리면 되네
세상이 이토록 뜨겁고 조용하다니
전쟁통도 아닌 찜통
폭염특보다

살갗에 닿는 한 줄기 바람이 그립다

유세하네

플래카드 치마 두른 트럭 위
원하는 건 다 들어줄 것 같은 온화한 미소
바람결에 흔들리며
마치 마애불처럼 서 있다

동네 골목 따라
희망이란 이름의 메아리 울리고
1번 찍어 2번 찍어
세상 바꿔줄 목소리
고막에 집채 같은 파도를 안긴다

1번에서 12번까지
매번 달라진 얼굴 아래
변치 않는 저녁 밥상처럼
결국 그 나물에 그 밥
기대도 실망도
흩날리는 꽃잎처럼 쌓여간다

코로나의 날들

현대차 코로나 택시는 쌩쌩 잘도 달렸는데
코로나바이러스가 무서워
박물관도 오일장도 잠잠한 숨을 삼키고
결혼식장엔 눈빛만 마주치는 하얀 얼굴들

욕망과 죄
그 끝에서 우린 손을 다시 배웠고
수도계량기만 뱅글뱅글 돌아가는 중
색색의 마스크는 입술을 조용히 가두었다

쏘댕기던 발길은 멈추고
눈물을 머금고 TV 앞에 앉아
미스터트롯을 따라 거실을 떠다닌다

별꽃에게 묻다

김태이 시집

제4부

새벽이 오는 소리

목련차

겹겹의 흰 드레스 입은 고혹적인 자태
햇빛과 열애하며 나뭇가지 힐 신고 왈츠 추는 연꽃
눈 딱 감고 범한다
바르르 떨며 맺힌 이슬 눈물 되어 흐른다

아홉 꽃잎 하나씩 옷을 벗겨
한지 위에 한 잎 두 잎
맥반석 돌판 뜨거운 열기 위에 한 번 더 눕히면
창백한 얼굴 황금마스크 뒤로 감춘다

코끝에 맴도는 아련한 차향
첫사랑의 일렁이는 꽃잎 조각
갈색 추억되어 유리 다관 속에 가라앉고
아프게 스친 사랑 유등처럼 떠 있다

눈물길

다 쏟아내어 말라버렸나
이제는 찾지 말라고 말려버렸나
세탁기 탈수 버튼처럼 말라버렸다
가끔 인공 눈물로 추억을 적신다
멀쩡한 눈 뒤집어 보며 손끝만 괜히 아려온다

너 떠난 지 십사 년
눈물길 하나 가만히 밖으로 내어놓는다
너 이생에 온 날에
너 저 생에 간 날에만
조용히
그 길 따라
찾
  아
    갈
      게

시간의 탑

마흔아홉 층까지
무사히 올려온 내 삶의 건축
쉰 번째 층 올릴 땐
기초부터 흔들려
무너질까 마음 졸였지

숨소리까지 아끼며
젖 먹던 힘 다해 버티고
결국 육십삼 층에 깃발을 꽂았다

백 층까지 도전해 볼까
무슨 소리
이젠 몸의 나이 말고
지혜의 층계를 오를 때
하루하루
빛으로 벽돌을 쌓으며
마음의 고도를 높여가야지

밥

너만 배고프냐
나도 배고프다
배터리 5%
빨간불 켜고 비상사태
이젠 내 밥보다
너 밥(充電)이 더 급하다

긴 창자 줄 똥꼬에 꽂아준다
편식도 반찬 투정도 없고
위장이 튼튼해 급속으로 먹어도 체하지도 않는 너

에너지 꽉 채우고
손바닥 안에서 춤춰주렴
외로운 나랑 놀아 줘
귀염둥이 스마트폰아

하찮은

빨간 단풍이 바닥에 뒹굴 때쯤
너도 꼭대기에서 떨어지는 스릴을 느끼며
단풍처럼 시선을 즐기고 싶었니

베개 틈새 온 집안에 흩어져 있고
욕실 바닥 하수구 안에까지
너는 머문다

빠진다, 빠져나간다며 푸념할 때마다
생각한다
항암치료 중인 그 친구의 텅 빈 머리
그곳에 숲 하나 피어나기를 바란다고

그래
막힐 머리카락 있으니
그 자체가 축복인 것을

수제비

1

수제비 곱빼기요!
전화기에 곱빼기를 라시도 음으로 높인다
수프에 스테이크가 어울릴 것 같은
노랑 레깅스에 헐렁한 티셔츠의 세련된 그녀
매일 먹어도 질리지 않는다는 수제비 마니아
숟가락에 얹힌 동글납작한 예술품
그녀의 복스러운 콧날 같다
젓가락이 깍두기를 물어다 나르고
칼칼한 양념간장의
따끈한 국물에 하루를 녹인다

2

수제비 제비 되어
아득한 시간을 데려온다
마당 한쪽 백철 솥
호박 감자 사이로 멸치들 헤엄치고
엄마는 반죽을 똑똑 떼어 넣는다
참나무들 아궁이 속에서 지지고 볶고
땡볕에 엄마표 수제 요리가 보글보글 끓는다
온 식구들 배 두드리면서 푸근한 포대 화상

대세남

아침이면 내 손길에
한 치 망설임 없이 몸을 내준다
반항도 투정도 없다
말없이 다가와 웃으며 대기 중

생각날 때 끌어안아도
표정 하나 바뀌지 않고 늘 그 자리
반경 1미터 5초 대기조

대세녀인 나와 찰떡궁합
갤럭시 감성 장착한 뇌섹남
배고프면 나쁜 남자의 잔인함도 거침없어
갑자기 돌변
얼굴을 진흙팩으로 도배한다

긴 줄 하나 엉덩이에 꽂아
충전 밥상 차려주면
불만 제로 태도 회복
배불리 먹고 나면
질투도 짜증도 낯설다

오늘도 신사동 가로수길엔
신상 섹시가이들이 넘쳐난다
삼 년 가까이 사귀었으니
한 번쯤 바꿔볼까
새 얼굴로!

송홧가루

연두 이파리 살랑이며
봄을 반기는 숲 어귀에
귀여운 노란 숨결들
기침 소리와 함께 눈총을 받는다

청소기 입속으로
허둥지둥 빨려 들어가면서도
그 작은 몸짓은 생의 언저리에서
끝끝내 사라지지 않는다

포기란 없다
눈부신 오후의 햇살 아래
봄바람이 너를 부른다
아파트 담장 너머
저 먼 숲으로 보내야지

용용 죽겠지

잠든 푸른 용 하나
겨울 깊은 하늘 아래 숨죽인 채
때를 기다린다

양력 해가 바뀌는 첫날
천지가 들썩이도록 들었다 놓았다 데리고 놀았다

이제 때가 되었으니 하늘과 땅이 고요히 떨리며
그의 날갯짓을 꿈꾼다
하늘 한복판을 휘저으며 굉음을 내야
엄청난 기를 받는데

설날
찐 팬들의 기다림에도 어디 널브러져 있는지
꼬리조차 안 보인다
사람들 마음에도
그 푸른 그림자 보이지 않는다

쓸데없는 걱정만 덕지덕지
이중과세처럼 겹겹이 쌓이고
어디서부터 진정 청룡의 해인가

봄의 전령 Top 7

긴 겨울
가슴에 영원한 행복과
슬픈 추억을 묻은 채
복수초가
노란 띠 두르고
가장 먼저 결승선에 도착한다
고결한 흰 매화
순수의 기품 머금은 채 2등으로
덧없는 사랑 품은
변산바람꽃 돌풍을 일으키며 3등으로 돌진한다
샛노란 산수유는
우정과 애정을 손에 들고 환한 미소로 인사하고
개나리는
희망의 종소리로 바람 끝에 발을 뻗는다
분홍 진달래는
설렘의 숨결 되어 조심스레 다가오고

벚꽃은
순결한 웃음 날리며
유채꽃, 복사꽃 따돌리며 간발의 차로 7등으로 들어선다

햇빛과 바람의 악단이 전국을 도는 봄 공연
사람들은 새벽부터 줄을 서고
수줍은 미소와 살랑이는 춤사위에
얼어 있던 가슴은 조용히 풀린다
그래,
이 꽃잎 흩날리는 날이
진짜 봄이지

새벽이 오는 소리

달콤한 시간으로 밤을 지새운 연인들은
아름다운 꿈길로 여행 떠나고
은은하게 임의 얼굴 비추던 달도
피곤하여 고개 떨구는 시간

무량광의 밝음을 선사할 해는 내공을 다지며
잔잔한 바다 위에서 힘찬 출발을 준비한다

산사의 수도승은 가부좌 틀고 앉아
'짝짝짝' 죽비 소리에 구도의 길 접어들고
바닷가 어부들 밤새 고기잡이 만선의 기쁨
항구는 부산하게 깨어난다

달빛의 은은한 기운 받으며 잠자던 꽃들은
태양 아래 아름다움 뽐내려 바쁘고
숲속 산새들, 화려한 수탉들
벌써 노래 부르고 분주하건만

아직도 이불 속에서 비몽사몽
새벽의 힘찬 발걸음 소리
언제 들으려나

동행

들꽃 피어나는 봄날
엄마 손잡고 하나, 둘, 셋 삐걱삐걱 걸음마 옮겼지
어깨를 맞댄 친구들과 시간도 숨을 죽인 채 웃었고

견우직녀 첫눈에 반하듯
내 사랑 손잡고
서로의 눈동자 속에 담겨있는 나를, 너를 보았지
날마다 행복에 겨운 몸짓들
하얀 눈 세상을 덮을 때
얼음 같은 도화지에 무지갯빛 꿈 그렸지

별보다 찬란히 빛나는 내 분신이여
힘껏 튼튼히 꼰 동아줄
그 칭칭 감긴 한 갈래는
영원의 시간 속에 고요히 숨어 버렸나

그래
잊히기 전에
기억 저편으로 스러지기 전에
사랑 꽃피는 세상에서
다정한 미소 주고받으며
두 손 꼭 잡고 걸어볼까나

회초리

반야사 대웅전
기도 스님의 독경 따라
맑은 요령 소리 하늘에 스며들고
처마 풍경의 물고기 허공을 헤엄치고
새 한 마리
법당 천장을 가로지른다

영가단 앞
고요히 피워 올린 영정사진 앞에
가장 엄숙한 절 올린다

고인의 소식에 기절하듯 슬퍼한 이
가장 공부 많이 해야 되고
'에이, 잘 죽었어!'
담담히 말하던 이는
공부 마친 이라 했던가

그 말
천근 같은 마음의 무게
얼마나 덜어낼 수 있을까

핏빛 회초리 되어
등짝을 내려치는 스승은 누구인가
자식을 가슴에 묻은 엄마는 얼마나 깊은 공부를 해야 하나
그 깊은 통증 끝에 지혜는 피어날까

호랑이 등에 앉은 문수보살처럼
삶의 격랑 위에서
가만히 마음을 단다

* 반야사 : 영동군 황간면 우매리 소재 사찰

이 맛이야

바람이 가을을 데려온 날
주황빛 감잎들이
찻잔처럼 나뒹굴고

아메리카노 머라카노
카푸치노 와카노
머 마시노 꼰대라떼

햇살을 닮은 라떼 잔
그 위에 떨어져 누운
뽀얀 하트의 거품 세계로 빠져든다

속삭이듯 퍼지는 따뜻함
그제야 안다
가을, 참 이 맛이구나

와 누워 있닝교

사방팔방 고개만 돌려도 부처와 탑들이
키재기하며 서 있다
살아서 와보다니
불국토가 바로 여기
천불천탑 운주사

나지막한 정상
두 분의 부처 하늘을 이불 삼아 누워 있다
땅 위의 인간들 눈꼴셔
고개를 허공으로 돌려버렸나
밤에도 낮에도 그 긴 침묵에 욕창은 안 생기려나
괜스레 걱정해 본다

게으른 나도 잠시 누워
부처님 곁에 마음을 얹어 와선해 볼까

흥 흥 흥

꽃으로 치장한 한복 입은 인형들
하늘거리는 팔 끝마다 흥이 피어나고
무대는 어느덧 뜨거운 축제의 꽃밭으로
한껏 달아오르고 환호한다

세계 춤 자랑 거리 퍼레이드
폴란드의 경쾌한 발놀림
스페인의 불꽃 같은 리듬에
어깨와 발이 절로 들썩이고
동남아 국가 오방색 물결 사이
탐스러운 왕모란 안은, 품격 있는
한국의 궁중무 단연코 으뜸이다

흥바람 가득 들어 국적 불명의 춤 절로
음주가무에 뛰어난 아버지의 흥이
딸의 발끝에 살아나 유감없이 발휘된다
여기는 천안 **흥** 축제장

눈길 머무는 곳
캐리커처 부스 앞
오 년 만에 얼마나 늙었나
십 분 후
타임머신 타고 20대로 돌려 놔뿐다
'어머나,
육십인데 주름 좀 그려주세요'
젊음은 웃으며 돌아오고
기분은 뭉게구름 위를 걷고 있다

12월의 광안리

우리 그렇게 만난
철 지난 광안리 바닷가
진격해 오는 어둠을
현란한 네온들이 몰아내고

많은 연인들이 지나간 모래밭
사랑을 새기던 익은 밤
광안대교 불빛카락 속에
겨울 사랑을 내려놓고 있었다

모래밭 한켠
기타와 노랫소리 해풍에 날고
여기저기 폭죽은 솟아
바다와 하늘을 잇는데

파도는 사랑이 그리운지
에위싸는
몸짓으로 다가와
연인들이 떨어뜨린 밀어들을 연신 쓸어가고 있었다

유성이 어둠을 토막 내며
광안대교 너머로 곤두박질칠 때
광안리 모래밭은
하나, 둘 연인들을 비워내고

뭍 사랑 그리운 파도만 애끓는데
때늦은 낭만들이
폭죽과 환호성에 섞인 채
편린(片鱗)되어 흩날린다

별꽃에게 묻다

김태이 시집

제5부

뚱딴지

자유 손

전기밥솥, 세탁기, 로봇청소기
세 남매 오늘도 똘똘 뭉쳐 일하는데
두 손 놀릴 수 없어
열심히 폰 자판 두드려
빨래 대신 시를 짜내 본다

수북이 쌓인 저 아홉 식구의 흔적들
남천에서 방망이질하던
엄마의 팔목이 떠오른다

할배 옷은 담배 냄새가 밴 채
손자 옷은 흙먼지로 도배되고
사각 빨랫비누 쥔 두 손으로 박박 문지를수록
코끝엔 비누 꽃향기가 번진다

빨랫줄에 매달린 옷들이 바람 따라 춤을 추고
엄마의 양팔은
여름날 바둑이 혀처럼 늘어질 틈도 없이
햇살 속에서 젖어간다

* 남천 : 경주시 월정교 아래로 흐르는 강

육십 년 된 애인

안방구석
딸깍, 스위치 올리면
늙은 환풍기 팽팽 돌아간다
팔자 좋은 돼지띠 노인
지포 라이터 꺼내 불꽃을 깨운다
사랑 마크도 날려보고 화산 먹구름도 토해본다

입대 후 만난 애틋한 사랑
하루 스무 번의 설레는 만남
왼쪽 끝에 줄지어 선 녀석 중 손끝에 부딪친 하나
번지점프 하듯 미끄러져 빨간 불꽃 머리에 이고
삼분 남짓 춤을 춘다
그래 이 맛에 산다

한쪽 무릎 괴고
눈 감고 입술 맞추면
입김 속에 피어나는 추어
불꽃과의 사랑
이젠 무늬만 여자인 할매도
질투를 놓아버린 지 오래

'이제 그만 절교해야지요' 해도
심장 찌릿 손끝 바르르 떨려도
검사 결과
'폐는 깨끗합니다'
의사의 말에
'봐라, 괜찮다 안카나'

교도소 가기 전엔 끊을 수 없다는 질긴 인연
팔십 넘어 동 재떨이 꼭 껴안고 간
친정아버지의 황소 같은 고집
내 안에도 살아있다

부엉이 파수꾼

쪽샘 골목
젓가락이 허공을 타고
술잔은 치맛자락에 감겨
낮은 노래 따라 흐른다

당신은
버려진 시계 하나 주워 들고
마른 손으로 닦고 조이며
지나간 세월을 되돌린다

한때는 잘생긴 외모
큰 키 웃음 하나로
세상을 웃게 하던 사람

이제는 기둥마다
엉킨 시계들 걸어두고
하루에도 열두 번씩
잃어버린 시간을 찾는다

마당 끝 선풍기 앞
하늘 향해 손짓하는 엄마
걸음은 흔들리고
바람엔 떨림만 남는다

늙은 부엉이
두 눈 깜빡이며
이 집의 마지막 밤을
조용히 지킨다

* 쪽샘 : 경주 대릉원 동쪽

할미꽃

1

신경정신과에 엄마 파킨슨 약 처방 받고 기다린다
딸과 함께 온 할머니
주황색 꽃 한 다발 안고 있다
코에 대고 수시로 냄새 맡으며
세상 걱정이라고는 없는 환한 미소 짓는다
조화를

2

이웃 이사 가는 날
일곱 살 꼬마 번잡스럽다고
집에 와서 텔레비전 만화영화 본다
늙은 엄마
너 몇 살이고?
일곱 살요
조금 지난 후
너 몇 살이고?
일곱 살인데요
잊지 않으려는 아이와
잊어가는 어른 사이에 시간은 멈춰 있다

3

요양원에 들어선다
딸이여 동생이여?
한참 쳐다보다 막내 동서네
매화 방 목련 방 지나 개나리 방
요양사가 밥차 밀고 들어온다
저녁이여 점심이여?
밥차는 대답 대신 한숨을 굴린다
젓가락 든 손이 사시나무 떨듯
내 마음에 전류가 충돌한다

사랑받던
사랑을 주던
꽃들이 시들고 있다

울 엄마

달처럼 뽀얀 강동면 오금리 대밭 집 막내딸
무명 입던 그 시절 대나무 팔아 비단 원피스 입던 귀염둥이

쌀 두지 두 동에 매인 소들 많다던 경주 김씨 종갓집에 시집왔네
한량인 백수 남편 대신
시부모와 오 남매 돌보며 고단한 삶을 견뎠지

맏딸 멀리 시집가는 날
남편 손잡고 신나게 대문 나서는 철없는 딸
눈물 훔치며 보고 싶어 어쩌지
그림자 사라질 때까지 손 흔든다

맑던 눈빛도
며느리, 엄마의 시절도 세월 저편에 머물고
계림 숲 반월성으로 산책하며
트로트 방송 종일 틀어놓고
흥얼거리던 노랫소리 침묵 속에 잠겼네

백발 단발머리 범띠 할매
논바닥 갈라지듯 주름 잡히고
이제는 희미한 미소도 힘겹다
어떠한 업이길래
서로의 생을 건너 모녀의 인연으로 왔을까

왕호떡

퇴근길
보따리 하나 식탁 위에 풀어 놓는다
티브이 소리에 잠겨 있던 어머니
허연 얼굴로 묻는다
'그 호떡 같은 건 뭐고'

한입 베어 물며 고개 갸웃
'야야, 이거 왜 이리 딱딱하노'
중국에서 물 건너온
보이차라는 거라예

참한 그 이름
새순으로 피지도 못하고
아낙네 손끝에 꺾여
뜨거운 김 속에 숨 멈춘 채
오랜 시간
서로를 끌어안고 잠들어 있다

질투의 눈빛에 찔려
칼날처럼 벼려진 순간들
끓는 물에 몸 던져
말없이 목욕재계하며
미소 흘리는 물결 속에 스며든다

다이어트를 꿈꾸는 입술에도
암세포를 막는 믿음에도
백 세를 노래하는 이들의 찻잔에
너는 긴 세월
미라처럼 견뎌낸 잎이었구나

달항아리

깃털처럼 가벼워져야 들어갈 수 있는
항아리 속으로
한 시간 반 만에
하얀 가루가 되어 들어간다

이 년 전부터 요양병원 침대와 찰떡궁합
먹고 보는 것을 줄이고 자식 걱정을 줄이고
더 이상 줄일 것이 없어져
하늘마루 화장장
스물한 살 새색시의 맑고 고운 얼굴 되어
가벼워진 기억만 안고
침대에서 달항아리로 이사한다

이 일을 어쩌나
팔십칠 년 세월을 끌고 온 몸뚱이
너그 아버지 옆에는 절대 안 간다던 그곳에 나란히 누울 줄이야

갈망

더는 미련 없어라
콧속 밥줄 뺐다고
두 손을 침대에 묶어 포로 취급한다
전장의 병사였다면 억울하지나 않지

몸은 롤러코스터 되어 하늘에서 코로 밥이 들어왔다가
소변줄 타고 흘려보낸다
여든을 훌쩍 넘긴 몸이
들어올 때 황홀을 아는가
내려갈 때 시원함을 기억하는가

입은 겨우 말만 남아 그것마저도 다행이랄까
인공은 싫다 싫어
콧줄 말고
소변줄 말고
스스로 먹고 흘려보내고 싶다
이 작은 생의 흐름마저 스스로 지켜내고 싶다

애착

탯줄 끊긴 지
여든일곱 해 흐른 오늘
이제는 다시 자궁 속을 그리며
콧줄 하나에 의지해 숨 쌕쌕거리며 숨결을 잇는다

작은 케이크 앞
촛불 하나도 감당하기 어려워
날아가는 참새들 콧소리로 떼창 하며 생일 축하해 준다

병실 건너편 담쟁이는
한 치씩 벽을 기어오르며 살아내는 일을 잊지 않는다

요양병원에서 출가시킨 빡빡머리 엄마
이제는 내려놓은 듯
그러면서도 끝내 붙잡는 듯 와선 중이다

뚱딴지

오십 줄 넘어 처음으로
편찮으신 팔순 엄마 목욕시켜 준다
탄력 없는 몰랑한 피부
때도 양분 없다고 어디로 도망가고 없다
둥둥 뜬 때만큼이나 근심 안고 살았겠지
다섯 발톱이 화석처럼 굳어있고
둘째 발가락은 엄지발가락 위에 엎어져 있다

새벽부터 백수 남편 대신
십칠 년 동안 회사 버스 놓칠세라 동동걸음 친다
양말 속에 비좁게 숨어 아우성치는 뚱딴지
괜스레 팔에 힘주어 엄마 등이 벌게지도록 문지른다
여자이기 때문에 말 한마디 못 하고~
가늘게 흥얼거리며
욕조 속의 시든 뚱딴지 쓰다듬고 있다
엄마의 장기근속 상패보다
빛나는 못생긴 보물

* 뚱딴지 : 돼지감자

팔자 피다

아이고 손가락 힘없어 그림도 못 그릴 따
효련 아지매 노래나 한 자락 불러보소
빙긋 미소 얹어
숨도 안 쉬고 서너 곡 해치운다
힐링센터 노친네들 박수 소리 창밖으로 달아나고
임영웅이도 안 부럽다

동백아가씨 1절도 못 불러
한량 남편한테 구박당하던 엄마
삼십 년 지나
낮과 밤이 교대해도
일편단심 전국노래자랑 찐 팬
스무 곡은 꿰고 있다

오미크론으로 일주일 자가격리
아이고 지겨워 죽는 줄 알았데이
송해 옵빠 바람맛치고
드디어 독방 탈출
노치원 나서는
팔십다섯 할매의 전성시대

뜨거운 구애

허공을 무대로 펼치는
연인을 향한 칸타타
새벽부터
가슴 졸이며 부르는
청량한 간절함이 귀에 꽂힌다

사랑을 얻기 위해
미래를 잇기 위해
나무 끝에 매달려
맴맴맴
목이 터져라 부르는 절규

떼창에 잠 못 이루는 한여름 밤
칠 년의 긴 침묵을 견딘
한 달뿐인 시한부 생
저 불사르는 구애의 몸짓에
푸념의 귀도 용서로 덮는다

꼬라지

요양병원 205호
엄마
열흘 후에 또 올게
낼모레 뒈질지 모르는데 열흘씩이나
낼모레 한 지가 일 년 넘었다 마

거울 함 보자
꼬라지가 어떤공
휴대폰 카메라 비춰준다
옆 침대 눈감고 누워있던 할매
귀는 들리는지
꼬라지가 뭐고 얼굴이지

열숨

꽃가마에 흰머리 소녀처럼 여린 미라 태우고
천사 둘이 조용히 문을 연다

석 달째 요양병원 침대와 찰떡궁합
한시도 떨어지지 않아
양쪽 엉덩이엔 시커먼 십 원짜리 동전 훈장 하나씩 달았다
먹는 낙은 콧줄이 차지하고
앉은 자리에서 유행가 스무 곡은 불러제끼던
그 입은 숨쉬기도 벅차다
눈동자는 허공을 더듬고
창밖 동백은 살포시 얼굴을 붉힌다

여든다섯 늘그막에
사랑이라도 피어난 걸까
심장이 부풀어 폐를 누른다네
집에 있을 땐 나가고 싶고
이제 나날이 집에 가고 싶다고 노래 부르는 엄마
제발 구름 마차만 안 탔으면

* 열숨 : 가족 모두의 깊은 한숨을 표현

소리길 물푸레나무

시끌벅적
시골 오일장 서는 날인가
색색의 단장한 중년들 해인사 소리길에 발 디딘다
꽃잎처럼 웃음은 바람 타고 흩날리고
일렁이는 바람 소리에
소녀의 마음은 다시 피어난다
놀란 암벽들 앉은뱅이 용쓰듯 고개 빼고 굽어본다
숲의 활기에 놀란 계곡물은 달리기 시합하자고
콸콸 소리치며 내달린다

하얀 쌀알 뻥튀기 튀겨져 물 위에 핵우산처럼 떠 있다
이파리 비벼 초록 물감으로 계곡물 물들이니
데이트 즐기던 청둥오리 두 마리 두 눈 똥그랗게 뜨고
방해하지 말라며 조용히 돌 틈으로 숨는다

반세기 흐른 뒤
너의 장기 기증으로 새 생명을 곳곳에 이식해 놓는다
서당의 회초리 되어 아이들 일깨우고
야구방망이 되어 환호성 속을 질주하고
가냘픈 꽃잎 향수되어 온몸에 그 향기 휘돌고
나이테 등고선 새겨진 제기(祭器) 되어
명절날 엄숙하게 고개 숙이게 한다

물푸레나무여
너의 소리길은 오늘도 삶과 기억, 사랑을
조용히 흘려보낸다

국화 축제

천만 송이 겹겹의 꽃대궐로의 초대
몽환적 향기에 이끌려
헤어나지를 못한다
폭풍의 시간 깡으로 견디고
옹골차게 성숙해진 곱디고운 노오란 속살
수줍음 품고서 오롯이 내어놓는다

가슴 저미는 애달픈 선율에 눈 감으면
하얀 국화 흐드러지게 핀 삼단 꽃동산 위
짧았던 순간의 찬란했던 추억을 뒤로하고
향기로운 이불 덮은 채 빙긋이 웃으며
멋지게 나들이하고 먼저 간다던
그대의 모습 떠올라 회상에 잠긴다

몽실몽실 피어오르던 여린 꽃 이파리들
싱싱한 생명력 놓아버리고
실크 스카프처럼 하늘거리며
구름 가마 타고 비천한다

명월을 기리며

봄비 내리는 대청호반
물안개 흐르는 아름다움에 젖어
가슴 아려오는 청풍정에 오른다
삼일천하를 뒤로하며 나누던 사랑
연모의 정 뒤로한 채
강물 속으로 사라져 간다

빗소리는 똑똑 시간을 씻기고
안타까운 김옥균과 명월이 되어
죽어서도 헤어지지 말자
안개 자욱이 걸터앉은 정자에서
둘이 마주보며 꼭 껴안아 본다
나는 사랑을 위해 목숨을 던질 수 있을까
기러기 한 쌍 물 위를 미끄러진다

* 청풍정 : 옥천군 군북면 소재

별꽃에게 묻다
김태이 시집

| 발 행 일 | 2025년 9월 19일
| 지 은 이 | 김태이
| 발 행 인 | 李憲錫
| 발 행 처 | 오늘의문학사
| 출판등록 | 제55호(1993년 6월 23일)
| 주   소 | 대전광역시 동구 대전로 867번길 52(삼성동 한밭오피스텔 401호)
| 전화번호 | (042)624-2980
| 팩시밀리 | (042)628-2983
| 카   페 | http://cafe.daum.net/gljang(문학사랑 글짱들)
| 인터넷신문 | www.k-artnews.kr(한국예술뉴스)
| 전자우편 | hs2980@daum.net

| 공 급 처 | 한국출판협동조합
| 주문전화 | (02)716-5616
| 팩시밀리 | (02)716-2999

ISBN 979-11-6495-395-2
값 10,000원

ⓒ김태이 2025

* 이 책의 판권은 저작권자와 오늘의문학사에 있습니다.
* 이 책은 E-Book(전자책)으로 제작되어 ㈜교보문고에서 판매합니다.
* 잘못 만들어진 책은 구입하신 서점에서 교환해 드립니다.

* 본 도서는 충청북도 충북문화재단 지원 사업으로 제작되었습니다.